I0122296

LE

DIPLOMATE.

IMPRIMERIE DE J. TASTU,
RUE DE VAUGIRARD, N. 36.

LE

DIPLOMATE,

LETTRES

SUR L'ÉTAT PRÉSENT DE LA POLITIQUE EXTÉRIEURE,

ADRESSÉES

A. S. E. M. LE PRINCE DE ***.

PARIS

DELANGLE FRÈRES, EDITEURS-LIBRAIRES,

RUE DU BATTOIR SAINT-ANDRÉ, N. 19.

✤

JUIN 1828.

INTRODUCTION.

Vous avez frémi, dites-vous, en apprenant que les Russes avaient passé le Rubicon ; tous ceux qui connaissent cette nation éprouvent le même sentiment que Votre Altesse, car ils savent qu'il ne dépend plus de l'empereur Nicolas de faire un pas rétrograde.

Prévoyant que les gouvernemens seront contraints de prendre une attitude nouvelle à l'égard de la Russie, et jugeant combien il est important que les derniers voiles qui couvrent les desseins de cette couronne soient levés, Votre Altesse fait un appel aux écrivains bien intentionnés, afin de savoir comment ils envisagent la politique russe, pour découvrir si la conquête pourra être évitée, et si on pourra fonder des espérances sur les peuples dans le cas où les gouvernemens réclameraient leur appui.

Répondant à ce noble appel, je remonterai à l'époque où le plan de la domination du Bosphore par la Russie fut conçu, et vous verrez, Monseigneur, avec un étonnement mêlé d'effroi, que cette prétention, contraire à l'intérêt et à l'indépendance des Etats européens, est devenue un principe fondamental de la politique russe.

Les causes des variations dans celle de la Porte, seront signalées dans ce précis diplomatique, ses griefs y seront appréciés; on y trouvera enfin le secret de la conduite des deux empires à l'égard des autres Etats.

LE
DIPLOMATE.

LETTRE PREMIÈRE.

La situation où se trouva l'Europe lorsque la monarchie russe s'établit sous Pierre Ier; car on ne peut lui prêter une existence réelle antérieure, détermina celle du système de cette nation qui a été invariable jusqu'à présent.

Au moment où Pierre parut sur la scène de l'Europe, les grandes puissances, qui avaient jusqu'alors décidé du sort des Etats continentaux, telles que l'Espagne, la France et l'Autriche, avaient perdu leur énergie, leur vigueur ou leur prépondérance comme la première, et le système d'anéantissement mutuel qui avait enfanté tant de guerres entre l'Autriche et la France, n'était point détruit, non plus que le germe de la haine que vouait l'Autriche à sa rivale, ce qui annonçait qu'elles ne

1*

pourraient jamais se réunir pour les mêmes desseins. Les Turcs, qui étaient la troisième nation prépondérante, avaient perdu à leur tour cette ancienne vigueur qui sembla devoir leur donner le sceptre de l'Europe et de l'Asie. La Suède, que Gustave-Adolphe avait mise par son énergie, par ses talens guerriers et politiques au rang des grands Etats, et qui avait repris l'imposant aspect qu'elle avait quitté un instant sous les successeurs de ce héros du Nord, n'était pas cependant assez redoutable aux yeux du Czar pour empêcher qu'il formât, non-seulement l'espoir d'affermir son nouveau trône, mais qu'il conçût même des idées d'agrandissement. Il ne vit pas non plus, du côté de la Pologne, de grands obstacles, lorsqu'il découvrit que cette couronne avait détruit une partie de sa gloire et affaibli son influence guerrière et politique.

L'espoir du créateur de la puissance russe fut confirmé, et son ambition vit ouvrir la carrière la plus brillante devant elle, lorsqu'il eut vaincu Charles XII, lorsqu'il eut conquis plusieurs provinces polonaises, et lorsqu'il eut soutenu avantageusement ses premières luttes contre les Turcs. Alors, ne voyant plus d'obstacles à ses desseins du côté de ses voisins tremblans devant lui, et ne redoutant plus la France ni l'Autriche, qui ne s'occupaient que de leur rivalité, il jeta les fondemens du système russe, qui a tendu évidemment à gouverner l'Europe et l'Asie après que les Turcs auraient reçu le joug des autocrates septentrionaux, et lorsque les Polonais, les Suédois et les peuples de la Haute-Allemagne auraient passé entièrement sous leur domination.

L'isolement et la position du territoire russe, qui n'est attaquable que sur quelques points, et qui a ses derrières hors de toute atteinte, favorisaient, aux yeux de Pierre Ier, l'établissement de son système d'agrandissement. Ce qui lui fit voir surtout la possibilité de son exécution, et ce qui le porta à fonder les plus grandes espérances sur sa consistance, ce furent les rapports directs qu'avaient les idées fondamentales de ce système, qui reposaient sur l'isolement politique de la Russie des autres États, et dont le but était sa transcendance absolue à l'égard de tous, avec les sentimens, le génie, les préjugés de ses sujets, avec leur humeur inquiète et audacieuse, avec ce penchant à la guerre et aux envahissemens qu'ils ont reçu des Tartares leurs ancêtres, dont ils ont conservé l'esprit et le caractère.

A peine ce système fut établi, que l'on vit ses envahissemens exister à la fois dans le Nord, à l'égard de la Suède et des Polonais, et dans la mer d'Azoff envers les Turcs.

L'isolement naturel de cette couronne se montra à cette époque; elle négligea la puissance fédérative, qui semblait cependant lui devoir être nécessaire, dans le temps où elle n'était point affermie, où son état militaire était dans une imperfection absolue, et où sa marine était encore au berceau. On peut dire que si, depuis Pierre Ier, l'on vit cette puissance chercher des alliances parmi les grands États, en abandonnant le principe d'isolement qui est, je dois le répéter, l'un des points principaux de sa politique, ce fut parce que diverses couronnes, notamment la Prusse, devinrent redoutables pour elle, et parce qu'elle crut que telles autres, comme l'Autriche et l'Angleterre, pourraient, à l'appui des concessions, favoriser ses invasions orientales.

La politique russe tendit donc, dès cette époque, à ranger sous sa domination tous les peuples du Nord , à ne laisser aucune barrière entre Moscow et Constantinople , à régner sur le Sund et le Bosphore , et à préparer par-là même la chute de la puissance ottomane européenne , et l'assujettissement de tous les Etats occidentaux à ses volontés.

Cette dernière idée, Monseigneur, a un fondement réel, puisqu'il est incontestable que la Russie , régnant à Constantinople , se trouvant dans ce cas maîtresse de la navigation de la Méditerranée , dominant dans toutes les échelles de l'Asie et de l'Afrique , pourrait , même lorsque son ambition aurait atteint ses dernières limites, asservir en quelque sorte à son joug, par le besoin, les Etats du centre et surtout ceux du Midi.

Les successeurs de Pierre Ier suivirent la ligne de ce grand système, et l'on s'étonne en voyant que le cabinet russe ait montré sous ce rapport une si grande persévérance, pendant les règnes de deux femmes qui, comme Anne et Elisabeth, semblaient devoir être plus occupées de leurs intrigues amoureuses et de leurs plaisirs, que des intérêts de leur ambition. L'expédition du comte Munich, en Crimée , les usurpations continuelles sur les petits

Tartares vassaux de la Porte, les occupations successives sur la mer de Zabache et sur les bords de la mer Noire, ces faits constans démontrèrent à ces époques que la Russie voulait s'ouvrir à tout prix la route de l'Orient.

Sous Catherine II, car on ne peut parler de l'apparition éphémère de Pierre III, ce système, qui présentait à cette femme avide de gloire le plus brillant appât qui pût être offert à un souverain ambitieux, reçut une nouvelle force, et les prétentions de la Russie prirent un nouvel accroissement, lorsque la Czarine eut porté ses regards sur la Morée et sur l'Archipel qu'elle eut le dessein de réunir à sa conquête, lorsqu'elle résolut d'asservir la Pologne à sa domination, parce que cet Etat opposait un obstacle à l'invasion orientale, et parce que, passant sous la domination des Czars, il ne se trouvait plus de barrière entre le territoire russe et les provinces ottomanes situées sur la mer Noire.

L'anéantissement de la Pologne ayant été la source des plus grands événemens à l'égard de la Turquie et de l'Europe, le premier partage ayant enfin déterminé les changemens qui s'opérèrent soudainement dans la politique de la Porte, c'est ici, Monseigneur, que va commencer un examen circonstancié des motifs et des actions diplomatiques des deux couronnes.

L'impuissance que montrèrent, lorsque cette grande usurpation fut effectuée, la France, la Suède et les autres alliés de la Turquie, annonça à celle-ci que la fédération européenne était sans effet pour elle.

La Porte prévit l'anéantissement total de l'ancien Etat son allié, et vu la participation de l'Autriche et de la Prusse au démembrement, elle jugea, comme le firent tous les vrais politiques, que cette mesure inique allait devenir le fondement d'une ligue permanente entre les trois puissances co-partageantes. Le ministère ottoman vit la Russie préparer ainsi son entier affranchissement du joug européen, et nul ne sentit mieux que lui l'atteinte du rude coup que l'autocratie du Nord portait à la Turquie ainsi qu'à l'Europe.

S'apercevant que les anciens motifs qui l'avaient attaché à la chrétienté ne lui offraient point une garantie comme dans le passé, le gouvernement turc commença à isoler sa politique de celle de l'Europe; il rompit le lien

que son intérêt seul avait formé; il abandonna
son ancienne bonne foi, et son système devint
dès-lors diplomatique, dans le sens malheu-
reusement donné à ce mot par les Européens,
c'est-à-dire qu'il fonda tous ses rapports et ses
mesures extérieures sur la dissimulation, la
ruse et la fausseté.

Les dangers pour la Turquie, que le premier démembrement avaient indiqués, ne tar-
dèrent pas à se manifester par des signes ef-
frayans et hostiles. La Pologne n'avait conservé
qu'une ombre d'existence après le premier
partage, et ne pouvait, dans cette situation,
opposer le plus faible obstacle aux entreprises
des ennemis de la Turquie : courbée sous un
triple joug, elle se voyait même contrainte à
favoriser leurs desseins. La route de l'usurpation étant devenue libre, la paix avec la Porte
fut arrogamment rompue par la Russie; l'invasion de la Morée, par Orloff, le soulèvement
des Grecs, l'incendie de la flotte ottomane
dans le port de Tchesmé, enfin l'entrée des
escadres russes dans les Dardanelles, où elles
parvinrent jusqu'à la ligne des châteaux d'Europe et d'Asie, furent les premiers et épou-
vantables effets de cette guerre.

L'éveil que prit un moment la France, par l'impulsion de Vergennes ; les secours indirects qu'elle procura dans cette occasion à la Porte ; l'attitude défensive du gouvernement ottoman et de son peuple ; leur opposition opiniâtre, et le péril auquel ils s'exposèrent plutôt que de voir conquérir leur capitale et de fléchir ; l'inquiétude qui se manifestait chez les Polonais désarmés, mais non habitués au joug, et dont la haine concentrée pouvait amener une révolution dans l'empire russe ; enfin la nécessité, pour le cabinet de Pétersbourg, de négocier et de déterminer le deuxième partage, par lequel Catherine voulait ôter le reste de sa force à la nation qu'elle avait vouée à sa perte entière : ces motifs divers endormirent, pour ainsi dire, un instant le lion ; mais après avoir réparé ses forces et avoir combiné ses moyens d'attaque, il devait rentrer plus redoutable dans la carrière.

Le deuxième partage est décidé ; la guerre de 1788, l'envahissement et la conquête de la Crimée, la prise d'Okchakoff, et ensuite celle d'Ismaïl, justifièrent les prévisions de la Porte, lorsqu'elle avait pensé que le rétablissement de l'ancien empire grec, élevé sur les ruines

de la domination ottomane en Europe, était
le but de la Russie, et que l'islamisme était
menacé de son anéantissement, au moins dans
les provinces asiatiques voisines de l'Europe.

Les tentatives des Grecs, dont Catherine
faisait déjà les instrumens de ses desseins pour
affaiblir, dans toutes les provinces de la Turquie où ils se trouvaient répandus, l'esprit
religieux des Ottomans, principe de la force
de ceux-ci, et qui, par cette raison, offrait un
intérêt prépondérant à leurs yeux; ces tentatives, dis-je, confirmèrent toutes les craintes
de la Turquie, lui donnèrent un éveil encore
plus grand, et elles eurent l'effet le plus funeste, puisqu'en faisant accuser par ce peuple
l'Europe de tolérer ces mesures déloyales et
impolitiques, elles détruisirent le mobile le
plus puissant de l'espèce d'union qui avait
existé dès long-temps entre eux, et qui se
trouvait dans le respect absolu que la chrétienté avait montré pour les préjugés des Osmanlis [1].

[1] Il est évident que les rapports et la liaison de la
Turquie avec l'Europe, n'eurent une certaine consistance
dans le passé, que parce que les gouvernemens chrétiens

La situation morale de la nation ottomane se manifesta d'une manière frappante dans cette même période. On la vit déçue des espérances qu'elle avait long-temps nourries, de voir ses destinées garanties par la généralité des gouvernemens européens, et poussée par l'instinct de sa conservation, changer tout-à-coup d'idées et de vues, et s'affranchir en quelque

cherchèrent, dans toutes les circonstances, à prévenir les craintes sous le rapport religieux, de la part de celui de Constantinople, parce qu'ils lui abandonnèrent la domination souveraine de leurs églises, et qu'ils s'attachèrent à éviter que, dans tous les cas, les Francs pussent être accusés de prosélytisme. Ajoutons que le gouvernement turc ayant acquis une plus grande connaissance de la marche de la religion en Europe, et de l'indépendance où la politique se trouvait depuis que les souverains se furent affranchis du joug des papes, il était devenu moins craintif à cet égard; enfin, s'il se prêta dans les derniers temps aux communications de ses peuples avec ceux de l'Europe, ce fut parce qu'il avait jugé que le système d'une ligue religieuse propre à opérer une croisade, étant incompatible avec l'esprit et la politique de l'Europe actuelle, cette mesure ne pourrait être prise dans les temps modernes. On verra ailleurs que la Sainte-Alliance a contribué à détruire cette opinion.

sorte du joug des préjugés qui l'avaient gou-
vernée souverainement jusqu'alors.

Cet exemple eut lieu, lorsque sous les sultans
Osman, Mustapha et Sélim, le gouvernement
de ces princes, croyant trouver en Turquie les
élémens d'une force imposante qui pourrait
balancer et dominer même un jour celle de sa
redoutable ennemie, adopta spontanément
le système militaire européen qui devait constituer principalement cette force, et lorsque ce
gouvernement employa tous les moyens pour
faire réussir cette vaste entreprise.

Si l'essai de ces changemens causa la perte
d'Osman, ce fut parce que les janissaires, non
encore domptés, se montraient les ennemis
de la réforme ; mais le peuple entier en y ap-
plaudissant, prouva qu'il connaissait sa position critique, et qu'il jugeait ce moyen seul
propre à préserver sa domination ainsi que son
indépendance [1].

---

[1] L'établissement de l'école d'artillerie à Tophana,
celle de l'Eventiflich pour l'arme de l'infanterie, les
essais publics d'artillerie faits sur la place de l'Atmeydan
par le baron de Tott, en présence et aux applaudisse-
mens du muphti et du peuple entier, démontrèrent nos
assertions.

Dès que la Pologne fut détruite , et que la
fédération garante des destinées de la Turquie
fut reconnue impuissante , dès qu'enfin cette
mesure usurpatrice eut laissé un champ libre
à l'ambition de la Russie de ce côté , et que
cette situation annonçait l'époque où tout
équilibre serait détruit , l'Europe, dans cette
position grave , ne pouvait plus rester, comme
dans le passé , indifférente à un certain point
dans la lutte constante que se livraient les deux
Etats despotiques. Enfin la Turquie ne pouvait
plus rester indépendante dans ses volontés, et
livrée à ses seules impulsions et à ses propres
forces.

Les gouvernemens , reconnaisant alors le
tort qu'ils avaient eu de laisser introduire cette
puissance isolée , et l'on pourrait dire incompatible dans le système général , auraient dû
prévoir quelles seraient les conséquences terribles de cette erreur , et que le sort de cet
empire et le calme du continent pouvaient en
dépendre : ils auraient dû sentir la nécessité
d'établir une politique nouvelle à l'égard
de cet empire; enfin comme en ce cas, la
justice s'opposait à ce que cet Etat fût exclu
d'une manière absolue de l'union européenne,

puisque la Porte n'avait rien fait jusqu'à cette
époque d'illégitime ni de contraire aux grands
intérêts enropéens, les gouvernemens pouvaient employer dans cette occasion la ressource
naturelle qui s'offrait, l'établissement du protectorat européen, c'est-à-dire la garantie
solennelle de cette domination par tous les
Etats de la chrétienté.

Mais l'usurpation de la Pologne, principe
du mal qui menaçait l'Europe, et qui devait
être une cause perpétuelle de dangers et une
source de divisions entre les grandes puissances, allait montrer l'un de ses résultats funestes,
dès que l'établissement du système conserva-
teur trouvait le plus grand obstacle dans l'intérêt qu'avaient les trois couronnes du Nord,
unies par leur traité de partage, que la Turquie restât isolée, et par conséquent à leur
merci.

D'un autre côté, un protectorat isolé, mais
qui eût été imposant si les deux grandes puissances maritimes s'étaient associées pour le
former, ne pouvait exister, parce que la
France se trouvait dans l'impuissance où se
montrent toujours les États avant les révolu-
tions, et, surtout, parce que l'Angleterre,

entraînée par sa jalousie, par sa rivalité envers celle-ci, et occupée uniquement de la
conquête indienne que cette position des Etats
continentaux favorisait, restait isolée de tous
leurs intérêts.

C'est dans cette occasion importante qu'on vit
combien le système d'usurpation et d'envahissement peut être funeste au grand corps politique, et combien est puissante la nécessité
de ne jamais s'écarter du principe fondamental du droit public général, qui interdit tout
envahissement qui n'est point consenti et combiné d'après la volonté unanime et l'intérêt
calculé de toutes les puissances.

La révolution de la France, qui anéantit
soudainement toutes les fédérations et tous
les liens diplomatiques, enleva à la Turquie
son dernier appui. Ses destinées semblèrent
devoir être dès-lors plus menacées; mais cette
révolution, qui excita une terreur inouïe dans
l'ame de Catherine, et la fit trembler pour sa
domination du Nord, contribua à sauver mo-
mentanément la Turquie. La Porte s'en aperçut aussitôt, par l'abandon subit que sa rivale
fit de l'attaque méditée contre elle [1]. Cette

---

[1] La campagne qui avait été fermée par la prise

stupéfaction de la Russie devait bientôt ces--
ser, et rien n'annonçait que la France pût
désormais, ou du moins de long-temps,
donner du secours au Turc : la position du
gouvernement ottoman devenait même plus
critique, dès que l'Angleterre, qui eût pu
remplacer envers elle la France dans sa fédération, profitant de cette terrible circons-
\ance qui laissait le champ libre à son ambition du côté de l'Orient comme du côté de
l'Inde, se déclara contre la Porte, quand elle
chercha à déposséder le Turc de l'Égypte, et
quand elle aspira à la domination des îles
Ioniennes qu'elle a obtenue, domination qui
était l'avant-coureur de celle que le gouvernement de Londres croyait pouvoir exercer
bientôt sur la Morée. Enfin, dans cette situation, un plus grand éloignement de la Porte
dut s'établir à l'égard de l'Europe.

d'Ismaël allait recommencer; l'ambitieux Potemkin, qui,
comme tout l'a prouvé, était entièrement intéressé à la
conquête, allait franchir le dernier bras du Danube;
et les défaites constantes et antérieures de l'armée ottomane, son affaiblissement et son découragement, in-
diquèrent que le vainqueur pourrait traverser impuné-
ment l'Hémus, ou Balcan, et arriver sans obstacle sous
la capitale de l'empire.

Cependant dans la première phase de la révolution française, le gouvernement de Constantinople put respirer sans danger. Les craintes des renversemens, l'ébranlement des esprits des peuples et les premiers succès des républicains commandèrent aux couronnes la circonspection les ménagemens envers tous, et l'ambition fut un instant étouffée.

On vit, dans cette période, ce qu'on pourrait appeler une espèce de phénomène; c'est que lorsque l'Angleterre, l'Espagne, la Suède et tous les cabinets intéressés à rétablir une fédération quelconque avec la Turquie, pour la garantir des attaques violentes dont la menaçait le règne de Paul Ier, s'écartaient tous de cette vue, les premiers gouvernemens républicains de la France se soient empressés de l'adopter, comme si c'était un principe inhérent à l'instinct de celle-ci. Ne peut-on dire que cette tentative, dans le moment où les divisions intestines bouleversaient notre patrie, signale peut-être mieux qu'aucun autre motif, la tendance naturelle de la France à maintenir sa gloire extérieure dans toutes les situations, et que dans aucune circonstance elle ne perd de vue les intérêts généraux ?

Il doit paraître encore très-extraordinaire qu'à cette époque, où l'on confondit trop souvent les vrais principes, les gouvernans d'alors, qui avaient été tous étrangers à la grande politique, eussent prévu que la Turquie deviendrait tôt ou tard la proie de la Russie si la France n'y mettait obstacle ; et l'on entrevoit combien cette opinion des gouvernemens républicains devait être puissante sur leur esprit, lorsqu'ils n'hésitèrent pas à s'unir avec un gouvernement despotique, eux qui réprouvaient tous les rois.

Les négociations de Descorches, Verninac, et ensuite d'Aubert-Dubayet, l'envoi d'une multitude d'officiers instructeurs, l'élan qu'on chercha à donner à la Porte, au nom de son propre intérêt, tout indiqua une politique fixe de la part de la France. Je dois ajouter à l'égard de celle de la Turquie dans le même temps, qu'une preuve frappante du nouvel espoir qu'avait formé son gouvernement du côté de la France, se trouve dans la mission du Seïd-Effendi à Paris. On entrevoit la combinaison du Divan à ce sujet, en envisageant que cet ambassadeur était à résidence, mesure extraordinaire, à laquelle

la Porte s'était refusée jusqu'alors, et qui était
une innovation dans le système de la politique
ottomane.

La justice et la politique exigent qu'on fasse
bien remarquer, relativement à ces deux États,
que ce ne fut point la conduite du cabinet
français, mais les prétentions extravagantes
et purement individuelles d'Aubert–Duba et,
successeur du prudent et habile Verninac,
qui détruisirent la bonne intelligence qui ré-
gnait entre les deux gouvernemens ; mésintel-
ligences qui décidèrent plus tard l'invasion
aussi injuste que funeste de l'Égypte ; injuste,
parce qu'elle était contraire au droit des gens
et à la foi promise ; funeste, puisque malgré
qu'il fût important pour la France qu'elle échap-
pât aux Anglais, cet envahissement fut la
cause première de l'éloignement où se mit la
Porte de la France sous le consulat et l'empire,
et parce que cet éloignement, fondé de la part
de la première sur la méfiance, la porta à faire
sa paix avec Alexandre qu'elle redouta moins
pendant quelque temps que Buonaparte ; ce
qui décida le désastre de Moscow, le salut de
la Russie, et ensuite la conquête de notre
pays.

Votre Altesse aura découvert, d'après les faits historiquement exposés dans le début de ce précis, l'importance de la lutte qui s'est ouverte, et l'impossibilité d'établir une simple union diplomatique entre les deux empires, dès que le système oriental de Pierre Ier et de ses successeurs sert toujours de base à la politique russe, et lorsqu'il repose aujourd'hui sur les plus graves et les plus importans intérêts; c'est-à-dire la prépondérance acquise par la Russie, la conservation de ses anciennes conquêtes, et l'existence même de ses établissemens de la mer Noire, ainsi que de son commerce méridional.

En découvrant cette situation inouïe, qui semble commander à cette couronne de ravir au Turc la domination du Bosphore et de le rejeter en Asie, vous ne pouvez concevoir, Monseigneur, que les cabinets n'aient point entrevu ce dernier résultat de l'agrandissement de l'autocratie du nord.

Il serait pénible et peut-être outrageant de penser qu'ils ont connu ce danger : quoiqu'il en soit, la politique imposait une loi suprême à tous les gouvernemens indépendans (la France était exclue du nombre), celle d'éta-

blir une opposition puissante , afin de conserver à l'association européenne les garanties
dont la Russie , dans la position où elle s'était
placée , tendait à la déposséder.

Dans la lettre suivante je montrerai la situation de la Porte sous Paul Ier et Bonaparte,
les motifs qui amenèrent la rupture sous Alexandre, et déterminèrent le traité désastreux de
Bucharest; j'y ferai observer les rapports du
système de la Sainte-Alliance avec la politique orientale de la Russie; on y verra enfin
l'abaissement de la France, tenant à cette politique par une combinaison profonde, dont
l'effet devait être funeste pour l'Europe entière.

FIN.

LE

DIPLOMATE.

IMPRIMERIE DE J. TASTU,
RUE DE VAUGIRARD, N. 36.

LE

DIPLOMATE,

LETTRES

SUR L'ÉTAT PRÉSENT DE LA POLITIQUE EXTÉRIEURE,

ADRESSÉES

A. S. E. M. LE PRINCE DE ***.

Deuxième Lettre.

BIBLIOTHÈQUE ROYALE

PARIS

DELANGLE FRÈRES, EDITEURS-LIBRAIRES,

RUE DU BATTOIR SAINT-ANDRÉ, N. 19.

❖

JUIN 1828.

INTRODUCTION.

MONSEIGNEUR,

Je vais continuer ma narration ; mais souf-frez que je soumette avant tout à Votre Altesse, quelques observations relatives aux circons-tances actuelles, et qui me semblent propres à faire mieux sentir l'utilité de ce précis histo-rique.

Le silence gardé par la Russie à l'égard de la Porte, après l'envahissement des princi-pautés, moment où une sommation devait être faite à son ennemi, ainsi qu'un appel à la mé-diation des gouvernemens, dès que celui de Pétersbourg annonçait vouloir encore marcher avec l'Europe ;

La publication de l'ukase, relatif à sa le-vée extraordinaire de soldats, mesure impo-

3

litique, puisqu'en ajoutant aux craintes et aux défiances, elle peut détruire le peu d'harmonie qui existe encore entre les cabinets [1];

L'attaque des places fortes du Danube, poussée avec la plus grande activité, le passage précipité de ce fleuve, l'introduction des Russes dans la Bulgarie, position dans laquelle le czar a cru évidemment pouvoir rendre inutile le déploiement des forces maritimes des puissances;

Les moyens extraordinaires employés par le monarque russe pour éviter les principaux obstacles que présentent les défilés du Balcan,

[1] Cette mesure est en outre inopportune, dès que les forces russes quadruplent presque celles des Ottomans, dès que l'armée de Géorgie peut, en restant stationnaire, contenir les Persans, et déterminer l'agglomération sur le point opposé à Constantinople de toutes les forces des pachaliks orientaux, même celles de l'Egypte, dans le cas ou Méhémet-Ali voudrait prendre une part active aux débats; dès qu'enfin l'Autriche qui est la seule puissance en mesure d'attaquer, voit sa neutralité forcée par celle de la Prusse qui lui commande la réserve, et se trouve contenue, d'un autre côté, par l'armée formidable de Constantin qui peut la prendre en flanc, et lui porter soudainement des coups imprévus jusqu'au sein de la Hongrie.

et pour transporter subitement ses armées dans la Romélie¹ ;

Ces mesures, dis-je, indiquent que cet empereur veut rendre la campagne décisive, dic-

¹ Je crois devoir dire quelques mots sur le plan militaire adopté par Nicolas, puisqu'on a avancé que ses armées pourraient trouver des obstacles invincibles au pied de l'Hémus.

La route qu'elles suivent était naturelle dès que les Russes sont maîtres de la mer Noire. Secondés par leur escadre et les flottilles du Danube, elles peuvent par des embarquemens et débarquemens successifs vaincre les difficultés des passages. Arrivés à Varna et maîtres du golfe de Bourgas, leur opération semble décidée, puisqu'ils peuvent se déployer dans la Romélie et y livrer bataille au sultan sans avoir à combattre les obstacles naturels et sans que ce premier ait l'appui des places fortes. Là les Russes peuvent rester inactifs, tenir seulement en échec la grande armée ottomane et assurer leur succès par des débarquemens à l'embouchure du Bosphore sur les deux côtes d'Asie et d'Europe. L'absence d'une grande armée sur ce point force dès-lors le sultan à dédoubler la sienne, sans même qu'il ait la certitude d'arriver à temps pour sauver sa capitale. Affaibli de tous les côtés par ces attaques isolées, on peut prévoir enfin le plus grand désastre guerrier pour les Turcs, si leurs ennemis usent de tous leurs avantages avec l'activité et l'audace qu'on leur connaît et que tout signale en ces momens.

ter sur-le-champ du combat après la défaite
de son ennemi, ou bien du sein du sérail, la loi
absolue de la conquête, ou une paix excessi-
vement onéreuse pour la Porte ; mesure fatale,
puisqu'elle déciderait la tutèle de l'empire ottoman au détriment de l'Europe. Cette conduite de l'autocratie du Nord semble enfin offrir
une preuve frappante de l'action positive de
l'ancien système russe en ces momens, signaler de nouveau l'isolement qu'il déterminait; d'après cela, il paraît de plus en plus
urgent que la marche et le but de cette couronne n'offrent plus rien d'incertain et d'hy-
pothétique pour l'opinion.

Voici, Monseigneur, d'autres considéra-
tions qui, dans l'hypothèse où la Russie sus-
pendrait la conquête par un motif quelconque,
font sentir à leur tour l'importance d'une con-
viction réelle des vues et des intérêts cachés
de la grande puissance du Nord.

Il est évident que, dans ce cas, les couronnes
doivent intervenir directement dans les sti-
pulations du nouveau traité, qui, malgré les
assertions vagues du ministère russe, ne
pourraient être les mêmes que celles des con-
ventions antérieures, puisqu'il a déclaré qu'il

exigerait de nouvelles garanties pour la libre
navigation du Bosphore, ainsi que pour les
clauses relatives à la Servie et aux princi-
pautés.

Il est, d'un autre côté, nécessaire que l'Europe exige une modification dans ces traités,
et s'en réserve la principale garantie, dans
l'intérêt du maintien de l'ordre général, de
l'union commune, et qu'elle jette ainsi les
fondemens d'un nouveau système oriental.

Enfin, non-seulement sa médiation mais
son intervention directe est indispensable,
pour contraindre la Russie à borner ses prétentions d'indemnité, de manière que les concessions de la Turquie ne la mettent pas à
la merci de sa rivale dans un avenir rapproché.

En envisageant les graves et nombreuses
difficultés que présente cette dernière position on reconnaît que ce n'est que par une
sagesse excessive que les gouvernemens
pourront les surmonter : il résulte de là que
toutes les investigations deviennent nécessai-
res pour que cette sagesse ne soit point désormais égarée, et pour que l'influence des cabinets ne soit pas ainsi inefficace.

Il est une observation très-essentielle que
je dois présenter sans délai, puisqu'elle of-
fre fondamentalement une règle de conduite
pour les cabinets, relativement aux deux
Etats qui ont préparé le désordre diploma-
que existant.

C'est que lorsqu'il s'agit de nations qui,
comme les Russes et les Turcs, ont des carac-
tères et des mœurs fixes, auxquelles des préjugés puissans commandent, et dont les constitutions d'Etat, totalement différentes de celles des autres pays, déterminent leur isolement politique, ce qui influe positivement sur
tous les actes de leurs systèmes extérieurs, on
doit voir leurs gouvernemens naturellement
entraînés dans un système d'opposition, et
contraints d'asservir ainsi leurs volontés à l'o-
pinion et aux préjugés de leurs peuples. Enfin
il devient évident que dans cette position, qui
rend leur conduite politique invariable, ce
n'est que par les précédens de leur histoire
qu'on peut apprécier leurs motifs et pressentir
leur conduite.

Je terminais ici cet avant-propos ; mais
voyant avec le même étonnement que Votre
Altesse, l'aveugle crédulité avec laquelle les

politiques des divers pays viennent d'adopter
les protestations nouvelles des gouvernemens
belligérans, malgré les nombreuses violations
des promesses des deux, et malgré les aveux
positifs de la Porte d'une dissimulation com-
binée de sa part, j'exposerai une vérité qui
doit être aujourd'hui triviale pour tout homme
doué de quelques lumières et de quelque ex-
périence; c'est que dans la crise évidente où
se trouve le grand corps politique, une nouvelle déception, fruit de l'égoïsme ou d'une
fausse confiance , pourrait compromettre à
jamais les destinées des gouvernemens et de la
civilisation.

Les dernières discussions de la chambre
haute du parlement anglais m'entraînent à
faire ici l'application de cette maxime effrayante.

Lord Wellington a manifesté une confiance
exclusive dans les promesses du cabinet russe,
malgré que l'opinion de ce premier ministre
n'eût en ce moment aucune base. Lord Hol-
land ne pouvait-il lui répliquer, que M. Nes-
selrode avait positivement annoncé , au nom
de son souverain, sous l'administration de
M. Caning et depuis cette époque, que la

Russie n'agirait jamais indépendante des autres couronnes? ne pouvait-il dire encore que
la guerre actuelle, ainsi que la conduite indifférente de la Russie pour un rapproche-
ment depuis l'invasion des principautés et le
passage du Danube, avaient signalé manifes-
tement la violation de ces promesses? Le
membre de l'opposition eût pu enfin observer qu'un ministre quelconque ne pouvait,
sans tomber dans le délire, espèrer que le dernier *ultimatum* de la Russie fût adopté par son
gouvernement dans l'état présent des choses,
dès que les communications diplomatiques ont
appris à tous les cabinets, que l'opinion de la
nation Russe entière était prononcée pour
qu'on repoussât toute négociation qui tendrait
à affaiblir l'influence qu'elle se flatte d'ob-
tenir par ses victoires à l'égard de la Turquie.

Ces réflexions trouveront leur appui dans
les lettres suivantes. Je reprends, Monseigneur, la suite de mon récit historique.

DIPLOMATE.

LETTRE DEUXIÈME.

LA révolution de Pologne releva un instant
les espérances de la Porte; et elle crut, en apprenant les succès de Kosciusko, que le moment était arrivé où elle allait voir rejeter son
ennemi dans ses marais du nord, et où elle
pourrait reprendre son entière indépendance
et même son ancienne suprématie : mais le
triste résultat de la bataille de Maceiowitz, qui
décida le nouvel asservissement de la Pologne, détruisit bientôt cette illusion.

Tout ce que fit Bonaparte au commencement du consulat, pour déterminer l'alliance
de protection de la part de la France envers
la Turquie, alliance qui eût bientôt amené le
protectorat direct, fut sans effet, parce que
l'invasion de l'Egypte avait excité une méfiance excessive contre le chef du gouverne-

ment français, et parce que la Russie sut habillement nourrir cette méfiance dans l'esprit du Divan. Les agens du cabinet de Pétersbourg lui persuadèrent que la nouvelle politique française était fondée uniquement sur l'esprit de conquête, et ils lui firent craindre pour ses destinées, lorsqu'ils lui montrèrent dans l'envahissement oriental l'objet le plus important qui pouvait s'offrir à la puissance ambitieuse.

L'imprévoyance de Bonaparte, lorsqu'il fit occuper par l'armée française les côtes de l'Adriatique et les îles Ioniennes, en faisant trembler la Porte pour ses possessions de la Morée, servit efficacement la politique du cabinet russe, puisque dès ce moment toute l'influence de la France à Constantinople fut détruite : ce cabinet saisit avec empressement l'occasion de se confédérer avec la Turquie, espérant que l'alliance hostile des deux Etats finirait par décider celle de protection qu'il ambitionnait si ardemment, et dont dépendait le sort de la Turquie. Cette union gigantesque et l'on peut dire monstrueuse eut lieu un moment; mais le divan en prévit évidemment les conséquences, puisqu'il se hâta de

se dégager de cette alliance, dès que le danger de l'invasion de la Grèce par les Français
eut disparu.

Cet événement si extraordinaire me porte à
vous soumettre, Monseigneur, une observation essentielle. C'est que ce fait a prouvé que
ces deux puissances si antipathiques pouvaient
se réunir dans certains cas. On peut conclure
de là, que dès que la Porte a sacrifié un instant ses longues haines, dès qu'elle a pu oublier même sa politique fondamentale pour
les intérêts dont il s'agit, des occasions plus
décisives et plus importantes peuvent naître
où elle pourra être entraînée dans la même
route. Enfin, il serait possible qu'elle ne pût
se dégager aussi facilement qu'elle le fit à cette
époque si la nécessité la contraignait d'a-
dopter encore une fois l'alliance russe. Les
cabinets doivent entrevoir que cette situation
peut exister, et par conséquent tout employer pour en éviter le vaste danger.

Le gouvernement de Paul interpréta juste-
ment les motifs du nouvel isolement dans lequel se replaçait sa rivale, devenue son alliée; mais il cacha son mécontentement, re-
gardant cette situation comme encore favo-

rable, dès qu'il crut pouvoir détruire à jamais l'influence française dans le Levant.

Le calme dont jouit un instant la Turquie
fut le fruit des victoires de la France : cependant le Divan redoutant les derniers résultats, contempla l'orage avec anxiété malgré
qu'il entrevît que son ancienne rivale, mêlée
dans la lutte, allait épuiser ses forces contre un
ennemi aussi formidable, que le peuple déjà
vainqueur de tous. Cette anxiété était naturelle;
si la France vaincue eût subi la loi de la Russie,
l'empire ottoman devenait immédiatement sa
proie, quoi qu'eût pu faire l'Angleterre, parce
que l'Autriche et la Prusse devaient ménager
la Russie, à cause de leurs nouvelles acqui-
sitions dans le Nord, dont il eût été facile à
Paul de les déposséder, parce que, dans cette position, leur intérêt les attachait spécialement
à la Russie, dès qu'elles pouvaient participer
au démembrement de l'empire turc, ou trouver de vastes concessions dans la France, l'I-
talie et même une partie de l'Allemagne que
l'autocrate pouvait leur abandonner.

Les succès soutenus de la France en décon-
certant Paul Ier, lui imposèrent une plus grande
réserve à l'égard du Turc; son cabinet em-

ploya toutes les insinuations pour convaincre le Divan que la bonne intelligence avec lui serait permanente. Ce fut enfin dans ce moment, où trompé par la dissimulation que la Porte employait à son tour, parce qu'elle savait que la Russie ne cessait d'entretenir des intrigues dans les provinces européennes de la Turquie ¹, que Paul lui proposa l'alliance de garantie et de protection.

Je crois devoir attacher les regards de Votre Altesse sur cette proposition d'alliance, puisqu'elle présente des motifs secrets qu'il est important de dévoiler.

Les victoires de Zurich et de Marengo ayant prouvé à Paul I ᵉʳ que ce serait en vain qu'il lutterait contre la France, ce monarque prévoyant en outre, vu la position que celle-ci avait prise sur le continent, que l'extrême nord pourrait devenir l'objet des attaques de ses armées, dès que la Pologne en serait le

¹ Aucune des tentatives employées lors de la révolte de Passvan-Oglou, ensuite de Czerni-Georges, enfin celles tendantes à soulever les Maniotes, les Souliotes, les Monténégrins, ne fut ignorée de la Porte; elle ne pouvait d'après cela être dans une quiétude parfaite du côté de l'autocratie du Nord.

prétexte, ne doutant pas enfin que la Turquie
n'entrât dans la lice pour contribuer au rétablissement de cet État, ce Czar, dis-je,
changea tout-à-coup de plan et de but à l'é-
gard de la Turquie, et il fit proposer au Divan, dans une mission extraordinaire confiée
au prince Repnin, le traité d'union des deux
empires.

Il n'est pas certain que la Porte eût entrevu
à cette époque, comme elle le fit dans des
temps postérieurs, le piége que couvrait cette
alliance, dont je ferai connaître le but lorsqu'il sera question de la même vue repro-
duite sous Alexandre, et du traité de Bucharest aux clauses duquel elle se rattache; mais
ce qui porte le plus grand caractère de pro-
babilité, ce sont les craintes et les appréhen-
sions nouvelles que Paul Ier avait réveillées dans
l'esprit des Ottomans, lorsqu'il réclama si imprudemment l'occupation de Corfou et de Malte,
et lorsqu'il s'était déclaré le grand maître de
l'ordre de Saint-Jean. Le ministère turc jugea
que ces prétentions ne pouvaient avoir pour
base, de la part de la grande couronne du
Nord, que l'intention et le dessein de s'assurer de la domination de la Méditerranée, et

de préparer l'indépendance de la Morée du joug ottoman.

A la fin de ce règne et au commencement de celui d'Alexandre , la Turquie voyant la supériorité d'influence que conservait la France dans les traités de Campo-Formio , de Luné-ville , de Presbourg et d'Amiens , découvrant ensuite les défaites successives des couronnes ses ennemies , reprit l'espoir de conserver sa domination européenne , surtout lorsque Bo-naparte revenu à une politique moins intem-pestive à son égard , eut employé tous les moyens pour détruire ses préventions, et pour lui montrer dans la France l'égide de ses des-tinées. L'accord entre ces deux puissances se réforma : il paraît cependant que ce qui em-pêcha que l'alliance directe de protection , méditée par Bonaparte , et dont, on n'en peut douter , il voulait faire le même emploi que la Russie lorsqu'elle a embrassé cette vue , fut formée , ce fut la crainte qu'inspira toujours à la Porte ce chef de la France; crainte dont tous les documens diplomatiques de l'époque indiquent l'existence , et qui prit évidemment de l'intensité, lorsque le ministère ottoman crut avoir la certitude qu'il avait existé une négociation entre Paul Ier et le premier consul , dans laquelle ce dernier abandonnait à la Russie l'empire ottoman , moyennant la grande concession de la suprématie continentale absolue en faveur de la France.

Le projet de soulever la Pologne et d'envahir l'empire Russe lorsque toutes les puissances du centre eurent reçu la loi de la France , projet qui fut communiqué à la Porte, ramena un instant la confiance de la Turquie vers celle-ci, et cette situation morale nouvelle contribua certainement à sa décision, de prendre les armes pour diviser les forces de la monarchie du Nord , dans le moment où l'exécution de ce projet fut réellement et si maladroitement tentée : mais soit que le ministère ottoman eût prévu la défaite de l'armée française dès qu'il vit la Pologne rester inactive , soit qu'il reconnût l'imprudence inouïe de l'attaque dans la saison où l'invasion était opérée , soit qu'il jugeât que la Russie, après ses terribles revers, lui devenait dèslors moins redoutable que la France dominant à Moscow , soit enfin que le divan ait été trompé dans cette circonstance sur ce qui se

passait sur le territoire russe, il fit soudainement la paix avec son ennemi; et ce qui pa-
raîtra inconcevable , c'est qu'il signa dans
cette position , qui n'était pas encore dange-
reuse pour la Turquie , ce même traité qu'elle
regarde aujourd'hui comme si onéreux, qui
l'est en effet comme je le prouverai, et qui
semblait ne devoir être accepté par la Porte
que dans une position critique telle que celle
où elle se voit en ces momens.

Quoi qu'il en soit des motifs qui déterminèrent le ministère ottoman , il paraît certain
que si l'influence morale du cabinet des Tui-
leries eût été plus grande à la Porte dans
cette époque importante, une défection pa-
reille n'eût pas existé.

Bonaparte put connaître dans cette circonstance la justesse de la maxime qui constate la
nullité de l'influence d'une puissance ambitieuse et conquérante. Elle ne peut inspirer
la confiance et la sécurité à ceux mêmes qui
ont besoin de son appui , et user des moyens
qu'ils ont dans leurs mains pour la seconder.
Le Divan se tint constamment en réserve avec
lui, comme dans une époque rapprochée,
Kosciusko, qui pouvait, à l'appui de sa grande

influence sur les Polonais et sur les Cosaques de l'Ukraine, soulever les deux pays, refusa sa participation à Bonaparte, parce qu'il n'avait point la garantie que les vues de ce chef de la France fussent conservatrices ou protectrices de l'indépendance des Etats.

Il serait trop douloureux pour un Français et pour un ami de l'humanité de retracer le désastre affreux qui fut l'effet de cette politique imprudente de la Porte; mais je dois observer que lorsqu'elle vit l'armée française anéantie et le territoire de notre patrie si long-temps inviolable, envahi, elle sentit pleinement sa faute; une stupéfaction effrayante succéda en elle, toutes ses incertitudes se reproduisirent, elle se vit enfin dans son ancienne position. Dès-lors, elle dut naturellement se rejeter dans son premier système d'isolement, et ses combinaisons du passé, qu'elle avait un instant abandonnées, durent prédominer dans sa politique.

A la restauration de la France, la Porte sentit que la maison de Bourbon étant rétablie, elle pourrait lui rendre l'appui que la révolution française lui avait ravi; mais ce gouvernement redouta, en même temps, que sa propre chute n'eût lieu, avant que celle-ci ne fût affermie et n'eût repris une attitude formidable. Le soin constant que prirent à cette époque la Russie et l'Angleterre, de présenter au Divan la France comme une puissance désormais secondaire , et ne pouvant ainsi lui promettre un appui même dans un avenir éloigné; ces insinuations perfides maîtrisèrent ses volontés, et cette position incertaine fut cause que l'influence de ces couronnes à Constantinople s'accrut au détriment de la France.

Dès que la position où l'empire ottoman se trouvait sans appui exista, son sort paraissait décidé, si tous les autres gouvernemens indépendans ne se réunissaient pour prévenir, par l'adoption d'une mesure sage et opportune, la conquête de la Turquie qui semblait être un résultat de celle de la France.

Il semblait donc qu'après les grands événemens qui venaient d'avoir lieu, les cabinets n'hésiteraient point à régler d'une manière définitive les rapports de cet Etat avec l'Europe, dès qu'ils reconnaissaient que l'ordre européen long-temps interverti serait encore

4*

menacé si l'équilibre de puissance n'était ré-
tabli, et lorsque tout favorisait la formation
d'un système utile à l'égard de l'Orient. Cette
dernière idée devient incontestable, quand on
envisage la puissance suprême que venait de
montrer la confédération dès qu'il y avait eu
unité dans les vues et les volontés.

Mais les couronnes du Nord, en agissant
seules à Carlsbad et à Leybach, signalèrent
leur projet de prendre l'initiative dans les affai-
res européennes, et de régler seules les grands
intérêts du continent. On s'aperçut dès-lors,
qu'il ne pourrait être pris aucune grande mesure qui eût pour but la garantie ou le protectorat de la Turquie, puisque les mêmes
gouvernemens qui dominaient dans ces con-
grès étaient ceux qui lui avaient ravi tous ses
appuis.

La création du système de la Sainte-Alliance
eut du côté de la Turquie, la conséquence
qu'on eût dû prévoir, celle de lui montrer sa
perte décidée par les plus grands Etats du continent. La Porte regarda la proclamation de
ce traité comme un manifeste publié contre
l'islamisme. L'effroi qui l'anima eut l'intensité

la plus grande, et cet événement souleva la haine religieuse dans le cœur de tous les Osmanlis.

Je crois, vu l'importance de ce motif, devoir donner quelques développemens à cette dernière opinion.

Dès que cette nation vit une ligue qu'on proclamait fondée sur les maximes évangéliques s'établir, les idées qu'elle avait eues sur l'impossibilité de nouvelles croisades furent détruites, et le fanatisme qui avait été assoupi par la politique, reprit une puissance soudaine sur les esprits des Ottomans : le principe du Coran qui consacre leur isolement de tous les peuples, qui ordonne à ces premiers la résistance envers tous, et leur interdit toute transaction contraire à la sûreté et à la gloire de l'islamisme, devint de nouveau l'unique règle de leur politique, et dès-lors l'Europe ne put compter sur la participation de cet Etat à aucune de ses vues.

Ce pacte enfin, selon la pensée de la Porte, tendait de la part d'Alexandre, à décider spécialement la chrétienté entière à détruire la domination ottomane en Europe, ou à lui en céder le protectorat direct, ce qui équivalait à la domination réelle en faveur de la Russie.

Le principe qui constituait cette ligue, et les actions antécédentes de ceux qui la formaient rendaient cette appréhension de la Turquie vraisemblable. Indépendamment de ce motif, qui semblait devoir exciter la sollicitude, je dirai même l'effroi de la pluralité des gouvernemens, ils auraient dû entrevoir la désunion qui se préparait, et la conflagration générale qui pouvait en être l'effet immédiat : ils auraient dû ne pas oublier que ce n'est pas envers une nation comme celle des Turcs qu'il peut exister des combinaisons politiques contraires à la religion commune, et qui puissent favoriser le gouvernement national ainsi que ceux de l'étranger lorsqu'ils voudraient éluder son influence, comme cela a eu lieu trop souvent en Europe. On aurait dû considérer enfin, ce qui est attesté par l'histoire entière des Ottomans, que des siècles n'ont pas suffi pour leur faire faire un seul pas rétrograde quand il s'est agi de leur croyance.

D'après ces puissans motifs, dès l'instant où l'on manifestait le désir de former une union générale pour la commune garantie, il fallait établir réellement le système européen sur les bases de la loi évangélique, principe de ce droit

des gens qui, dans ses attributions diverses, em-
brasse tous les droits politiques, qui peut seul
constituer l'équilibre de puissance et garantir
le maintien de l'ordre ; au lieu de former un
traité isolé, qui n'établissait aucune des bases
du grand droit politique, qui ne réglait point
l'action commune et ne déterminait point l'é-
galité d'influence et de participation ; objet indispensable, pour que l'arbitraire et la
force ne détruisissent point l'action de la loi
générale.

J'ai dit, Monseigneur, que ce traité devait
être funeste à l'Europe ; j'ajouterai, pour ap-
puyer cette idée, que dès l'instant où l'Angleterre s'en était exclue, où la France n'y jouait
qu'un rôle passif, les avantages qui auraient
pu naître d'une grande mesure à l'égard d'un
Etat quelconque, n'auraient dans ce cas été
réservés qu'aux trois couronnes qui avaient
partagé la Pologne, et qui constituaient uniquement la sainte ligue ; dès-lors le pacte européen était rompu, et la souveraineté générale passait aux alliés du Nord.

Dans cette effrayante position, où les petits
Etats du continent et la France alors impuissante s'étaient vu contraints de se placer, et

que l'Angleterre regardait imprudemment avec indifférence, que n'aurait pu dans un avenir rapproché le chef de la ligue en dissimulant ses sentimens et ses desseins, et lorsque ses deux alliés directs auraient cru être participans à ses avantages? Elle pouvait se reproduire la situation épouvantable dans laquelle on avait vu Buonaparte se rendre le dépositaire des couronnes, l'arbitre des constitutions, maîtriser entièrement les grandes puissances, même la Russie, et préparer sa domination exclusive sur le continent européen entier; domination que ses imprudences et surtout les manœuvres de l'Angleterre lui firent perdre, mais qu'Alexandre aurait pu conserver, dès qu'il aurait obtenu une pleine indépendance à l'égard de l'empire ottoman.

Voilà les résultats naturels de ce système, dès qu'il ne déterminait point une unité générale d'action et une égalité d'influence parmi les cinq grandes couronnes, et voilà les dangers auxquels l'Europe fut évidemment exposée jusqu'à l'époque peu antérieure à la mort de l'autocrate!

Les événemens de l'Amérique, la position

incertaine de la France, de l'Espagne et du
Portugal, l'état des esprits dans l'Allemagne
entière, les agitations intérieures qui se mani-
festaient en Russie, et ensuite le soulèvement
précoce des Grecs dérangèrent totalement la
politique d'Alexandre. Enfin, il est impossi-
ble de ne pas présumer, que dès qu'il s'était
emparé de la suprématie, dès qu'il l'exerça
au vu et au su de l'Europe dans toutes les occasions, à l'égard non-seulement de la France,
de l'Espagne, mais du Piémont, du Brabant
et des petits Etats d'Allemagne, qui lui offri-
rent plus ou moins de résistance; on ne peut,
dis-je, douter que cet empereur n'eût tout
employé pour la rendre permanente, et il
est incontestable que l'Europe se trouvait dès-
lors à la merci de la Russie.

Ce n'est pas, Monseigneur, dans une lettre
bornée dans son étendue, et dont le sujet
est spécialement relatif à la Turquie, que je
pourrais signaler, dans ses rapports et ses actes
divers, la grande usurpation de la suprématie européenne par l'autocrate russe, laquelle
fut l'effet de ce traité plus encore que de l'influence que lui avait donné la conquête de la
France. Le plan de ce monarque ayant em-

brassé les intérêts de l'Europe entière, et ayant
eu une action positive sur la conduite des gouvernemens et sur les destinées des peuples, cet
examen ne peut être fait que dans un écrit
qui traitera de la diplomatie européenne en
général, ou qui expliquera méthodiquement
le système de ce prince.

L'obstination que mirent les puissances du
Nord à s'éloigner de la France, et à lui ravir
toute influence diplomatique, asservissement
qu'un Français ne peut retracer qu'avec une
espèce d'horreur, détruisit le reste d'espoir
que conservait la Porte, de rétablir avec la
maison de Bourbon l'alliance protectrice pour
elle. Dans cette circonstance, on a lieu de s'é-
tonner que ce gouvernement semi−barbare
ait découvert ce qui a échappé à la pluralité
des cabinets et des politiques, c'est que l'ancienne rivalité des grands Etats à l'égard de
la France renaissait déjà, et que la Russie,
redoutant qu'elle ne lui disputât de nouveau la suprématie continentale, emploierait
tous les moyens pour la tenir dans l'abaissement.

L'alliance de la Turquie avec la France aurait eu en effet les résultats les plus avantageux,

et la commotion qui vient d'ébranler le grand édifice politique n'aurait pas existé, si les grands gouvernemens eussent favorisé dans leur propre intérêt cette mesure, et s'ils lui eussent donné la garantie et l'adhésion communes. Nous démontrerons péremptoirement dans la lettre suivante, qu'Alexandre pouvait, à l'appui de la France, amener le Turc à toutes les concessions légitimes, prévenir les maux de la Grèce, assurer le sort futur de ce pays, et maintenir sans choc et sans ébranlement l'harmonie et l'équilibre européens.

Enfin, cette conduite envers la France qui, je le redis, signalait à la Porte les vues des grandes couronnes, a été l'un des plus grands griefs de la Turquie contre les puissances du Nord. Il n'est point douteux qu'elle n'ait regardé l'Autriche et la Prusse, vu l'adhésion qu'elles donnaient à l'abaissement de la France, comme vassales de la Russie, puisque, selon l'opinion très-raisonnable du Divan, les deux monarchies secondaires du Nord auraient dû, au lieu d'affaiblir la France, chercher à accroître sa force, afin de trouver en elle un appui formidable, s'il devenait nécessaire de balan-

cer et maîtriser la puissance matérielle ou politique de l'autocratie russe.

Il est certain que cette opinion du ministère ottoman a nui à l'influence de l'Autriche
à Constantinople dans les derniers momens,
malgré tous les abaissemens où cette dernière
couronne s'est réduite.

Alexandre vit avec un étonnement pénible
que la proclamation de la Sainte-Alliance avait
produit un effet opposé à celui qu'il attendait,
qui était de voir la Porte entraînée par l'effroi,
réclamer sa protection ouverte, et se jeter
pour ainsi dire dans ses bras.

Malgré cela, cet empereur dans la confiance que lui donnaient ses victoires sur la
France et sa grande influence européenne,
crut pouvoir dominer bientôt politiquement à
Constantinople; trompé enfin par la dissimulation à laquelle le Divan se croyait astreint,
parce qu'il voyait l'Autriche et la Prusse adopter
toutes les vues de leur alliée, et parce que l'Angleterre employait à son tour les plus grands
ménagemens envers la Russie; Alexandre, dis-
je, crut devoir changer soudainement de con-

duite diplomatique, dans le but d'imposer plus de respect et d'obéissance à la Porte. Le baron Strogonoff, homme naturellement réservé et d'une humeur conciliante, prit à la voix de son maître un ton impérieux et presque souverain : il protégea ouvertement les Grecs dont le ministère ottoman se défiait déjà; enfin l'autocrate russe crut pouvoir à cette époque, sans avoir à redouter un refus, faire la proposition d'ajouter des clauses nouvelles au traité du Bucharest, c'est-à-dire la concession de plusieurs postes importans sur le Bosphore et la mer de Marmara.

Le refus eut lieu malgré les menaces de la Russie. Alexandre dissimula son mécontentement pour n'être pas forcé d'agir avant de s'être mis en état de combattre invinciblement, pour ne pas donner un éveil à l'Europe, éveil qui eût pu lui ravir sa transcendance politique, en faire hériter l'Angleterre, et surtout afin d'empêcher que cette dernière, par une union faite à propos avec la Porte, ne renversât tous ses desseins à l'égard de l'Orient.

Votre Altesse entrevoit d'autres motifs contribuant à la temporisation de ce prince : en

effet, le dessein de faire adopter par les cabinets les réclamations relatives à l'exécution du
traité de Bucharest en offrait un très-impor-
tant, dès qu'il avait pour résultat d'isoler la
politique de la Russie de celle de l'Europe,
et de rendre celle-ci inactive dans les derniers
débats.

L'existence des grands armemens d'Alexandre, réalisés à l'appui des plus énormes sa-
crifices, et l'affranchissement de l'empereur
Nicolas de l'intervention des gouvernemens
dans la guerre présente ont entièrement dé-
voilé les motifs de son prédécesseur. Il ne sera
que trop prouvé, lorsqu'il s'agira du traité de
Bucharest et de la convention d'Ackerman,
que la Russie, dans les derniers temps d'A-
lexandre et au commencement du règne de
Nicolas, croyait arriver à la suprématie orientale absolue par la seule exécution de ces
traités.

Dans la lettre suivante, je vous soumettrai,
Monseigneur, l'examen approfondi de ces actes, et je présenterai le grand événement de
la Grèce sous un aspect diplomatique. Enfin,
en nous rapprochant de l'époque actuelle, la
politique des deux empires se développera de

plus en plus, et nous pourrons résoudre toutes les questions qui agitent en ce moment l'opinion européenne.

www.ingramcontent.com/pod-product-compliance
Lightning Source LLC
Chambersburg PA
CBHW070944280326
41934CB00009B/2012